Moïse ILOKO KITUMBAMOYO

LE MYSTÈRE DE LA VISITATION DIVINE

Moïse ILOKO KITUMBAMOYO

LE MYSTÈRE DE LA VISITATION DIVINE

Éditions Croix du Salut

Imprint
Any brand names and product names mentioned in this book are subject to trademark, brand or patent protection and are trademarks or registered trademarks of their respective holders. The use of brand names, product names, common names, trade names, product descriptions etc. even without a particular marking in this work is in no way to be construed to mean that such names may be regarded as unrestricted in respect of trademark and brand protection legislation and could thus be used by anyone.

Cover image: www.ingimage.com

Publisher:
Éditions Croix du Salut
is a trademark of
Dodo Books Indian Ocean Ltd., member of the OmniScriptum S.R.L Publishing group
str. A.Russo 15, of. 61, Chisinau-2068, Republic of Moldova Europe
Printed at: see last page
ISBN: 978-620-3-84305-7

ilokomoise20050@gmail.com

+243 974 64 8774

Sauf précision de la version, les textes cités dans ce livre sont tirés de versions Louis segons.

DEDICACE

A mon épouse, Furaha Adonis ILOKO qui se tient toujours à mes côtés m'accompagnant et me soutenant dans le ministère.

***

REMERCIEMENTS

Écrire un livre n'a pas pour but de remplir des pages à l'aide d'histoires, mais c'est tout d'abord une question de fardeau et de message.

Je remercie de prime à bord le Saint-Esprit, lui qui m'a téléchargé les mots et les phrases justes lors de l'élaboration de cette chand 'œuvre sur : Le mystère de la visitation divine (Tome 1).

Je fais parvenir mes reconnaissances, à mon Père spirituel, Bishop Sakodi PETRO, je l'appelle aussi « kamikaze de l'évangile ». Un père qui m'a marqué par sa simplicité, par son humilité, par sa crainte de l'Eternel et par son dévouement dans le ministère Pastoral. Il m'a forgé à la lumière des écritures saintes.

En outre, mes remerciements à l'église Mission Evangélique pour le Réveil International du Salut des Ames (M.E.R.I.S.A), mes affectives reconnaissances pour sa présence, son soutien et sa fidélité constante à ma personne et surtout pour le grand amour qu'elle ne cesse de me témoigner.

INTRODUCTION

Dans le Jardin, sa visite lui a permis de voir la solitude de l'homme, qu'il lui manquait un élément important sans lequel sa vie n'a pas de sens. Il visitera Noé qui vivait au milieu d'une génération perverse pour le sauver lui et sa famille, ensuite Abraham pour lui révéler la destinée de sa postérité et lui accorder la faveur d'un enfant selon son projet de bonheur après des années de vie maritale stérile, plus tard Israël son peuple de la mort, de l'esclavage et de la souffrance et enfin il se fit chair en Jésus-Christ pour donner la guérison, le salut, la victoire, la vie et la vie en plénitude.

Il est important da savoir que les chrétiens sachent qu'ils vivent dans le temps messianique ou dans le temps de grâce. Un temps où Dieu agit en faveur de ses enfants, où le surnaturel divin intervient dans le naturel.

Nous pouvons donc définir la visitation divine comme étant une intervention personnelle de Dieu dans la vie d'une personne afin d'opérer un changement de son etat. La visitation divine est un contact entre le surnaturel et le naturel, entre l'homme et Dieu.

Ce précieux livre mérite un sérieux temps de lecture afin d'y découvrir un trésor capable de bouleverser toute une vie. Raison pour laquelle, nous vous recommandons vivement ce livre toute en vous souhaitant une très bonne lecture à tous et à toutes, accompagné de l'assistance et l'aide de son Excellence, le Saint-Esprit.

❖ LA VISITATION D'AGAR ET DE SON FILS ISMAËL

Genèse 21:9-19:

« Sara vit rire le fils qu'Agar, l'Égyptienne, avait enfanté à Abraham; et elle dit à Abraham: Chasse cette servante et son fils, car le fils de cette servante n'héritera pas avec mon fils, avec Isaac. Cette parole déplut fort aux yeux d'Abraham, à cause de son fils. Mais Dieu dit à Abraham: Que cela ne déplaise pas à tes yeux, à cause de l'enfant et de ta servante. Accorde à Sara tout ce qu'elle te demandera; car c'est d'Isaac que sortira une postérité qui te sera propre. Je ferai aussi une nation du fils de ta servante; car il est ta postérité. Abraham se leva de bon matin; il prit du pain et une outre d'eau, qu'il donna à Agar et plaça sur son épaule; il lui remit aussi l'enfant, et la renvoya. Elle s'en alla, et s'égara dans le désert de Beer Schéba. Quand l'eau de l'outre fut épuisée, elle laissa l'enfant sous un des arbrisseaux, et alla s'asseoir vis-à-vis,

à une portée d'arc; car elle disait: Que je ne voie pas mourir mon enfant! Elle s'assit donc vis-à-vis de lui, éleva la voix et pleura. Dieu entendit la voix de l'enfant; et l'ange de Dieu appela du ciel Agar, et lui dit: Qu'as-tu, Agar? Ne crains point, car Dieu a entendu la voix de l'enfant dans le lieu où il est. Lève-toi, prends l'enfant, saisis-le de ta main; car je ferai de lui une grande nation. Et Dieu lui ouvrit les yeux, et elle vit un puits d'eau; elle alla remplir d'eau l'outre, et donna à boire à l'enfant.»

Sara âgée de plus d'une soixantaine d'année était stérile ou du moins n'avait pas encore eu un enfant. Elle pris Agar, sa servante proposa à Abraham afin qu'elle lui suscite une descendance. Lorsque Abraham y eu des rapports avec Agar elle tomba enceinte et donna naissance à Ismaël. Quelque années après Sara elle-même contracta une grossesse et donna naissance à Isaac. Le jour de la circoncision d'Isaac, Sara vit Ismaël, le fils aine d'Abraham, l'enfant de sa servante qui riait, on ne sait vraiment pour quelle raison il s'est mis à rire. Mais Sara se mis en colère et décida qu'on chassât Agar qui était devenue une coépouse c'est-à-dire une rivale, donc menaçante pour plusieurs intérêts…

Abraham contrarié écouta sa femme et chassa Agar de ces propriétés. Agar s'est retrouvée seule, dans le dessert avec son fils Ismaël.

Après quelque chemin parcourut, elle et son fils n'avaient plus d'eau à boire ni rien à manger ; au point même que son fils Ismaël agonisait déjà.

La bible dit dans leur désespoir total, elle pleurait, et le Dieu d'Abraham, le père d'Ismaël, celui qui avait une alliance avec Abraham et sa descendance entendit les pleures d'Ismaël et décida d'intervenir. C'est là que nous voyons la visitation divine.

Dieu envoya son ange qui ouvrit les yeux d'Agar qui trouva un puits d'eau abondant. L'injustice que Sara avait fait chasser Agar dans la maison d'Abraham mais mais Dieu répara l'injustice par la visitation divine.

Sara a humiliée sa servante Agar en la chassant comme une malpropre après tant d'années de loyaux et fidèles services ; après l'avoir exploité de diverses manières, la licencié sans préavis.

Le versets 18 et 19ème dit: *«... Dieu appela du ciel Agar, et lui dit: Qu'as-tu, Agar? Ne crains point, car Dieu a entendu la voix de l'enfant dans le lieu où il est. Lève-toi, prends l'enfant, saisis-le de ta main;* ***car je ferai de lui une grande nation.*** *Et Dieu lui ouvrit les yeux, et elle vit un puits d'eau; elle alla remplir d'eau l'outre, et donna à boire à l'enfant.»*

« LA JALOUSIE DE SARA A PERMIS QUE SA SERVANTE AGAR ET SON FILS ISMAËL D'ETRE CHASSES DE LA MAISON D'ABRAHAM SON MARI MAIS CETTE JALOUSIE N'A AVAIT PAS PU EMPECHEE À LA VISITATION DIVINE DE LES SUIVRE DANS LE DESERT ».

Agar était avec son fils dans le désert et c'est là que l'ange de l'Éternel l'a visité. En d'autres termes, la visitation divine n'a pas besoin que tu sois dans un milieu confortable ou favorable. Lorsque Dieu veut te visiter, il ne se préoccupe pas du milieu dont vous vous trouvez.

❖ LA RÉSURRECTION DU FILS UNIQUE D'UNE VEUVE

Luc 7:11-17

« Le jour suivant, Jésus alla dans une ville appelée Naïn; ses disciples et une grande foule faisaient route avec lui. Lorsqu'il fut près de la porte de la ville, voici, on portait en terre un mort, fils unique de sa mère, qui était veuve; et il y avait avec elle beaucoup de gens de la ville. Le Seigneur, l'ayant vue, fut ému de compassion pour elle, et lui dit: Ne pleure pas! Il s'approcha, et toucha le cercueil. Ceux qui le portaient s'arrêtèrent. Il dit: Jeune homme, je te le dis, lève-toi! Et le mort s'assit, et se mit à parler. Jésus le rendit à sa mère. Tous furent saisis de crainte, et ils glorifiaient Dieu, disant: Un grand prophète a paru parmi nous, et Dieu a visité son peuple. Cette parole sur Jésus se répandit dans toute la Judée et dans tout le pays d'alentour ».

Le verset 11ème du livre Luc chapitre 7 commence par le mot: *« **Le jour suivant,** Jésus alla dans une ville appelée Naïn...»*

Dans une phrase le mot "**suivant**" n'est utilisé que si il y a eu quelque chose qui s'est deroulé avant. Il n'y a pas de jour suivant sans le jour d'avant. Jésus était a Capernaüm où il guerri le serviteur d'un officier romain. C'est ensuite quil se dirigea dans la ville de Naïm.

Alors qu'à Capernaüm il y avait la guérison; dans une autre ville d'à-côté il y avait pleure car, une femme veuve son fils unique était mort. Pour cette veuve, c'était fini pour elle.

« SUR LE CALENDRIER DES HOMMES LE MOT RETARD EXISTE, MAIS SUR LE CALENDRIER DE LA VISITATION DE DIEU, LE MOT RETARD N'EXISTE PAS ».

Cette femme veuve avait perdu son fils unique, alors qu'elle ne dirigeait vers le lieu d'enterement, la visitation divine viendra la surprendre en cours de route. Elle était sans le savoir sur le programme de Dieu.

Dans Luc 7:11, la Bible nous donne le nom de la ville dont Jésus se dirigeait avec ses disciples et d'une grande foule après avoir quitté Capernaüm. Cette ville s'appelait « NAÏM ». Le nom de NAÏM signifie: « plaisir, beauté ».

Cependant, ce qui est bizarre est que dans cette ville de Naïm il y'avait une femme dont sa vie ne ressemblait pas la signification du nom de la ville de NAÏM.

Signalons 2 choses qui identifient cette femme :

- *Elle était veuve;*

- *Elle venait de perdre son fils unique.*

Nous comprenons par-là que cette femme était malheureuse. Cette femme n'a plus de mari; son soutien moral et financier est un fils unique qui vient de mourir.

Elle est désormais réduite à la solitude et la pauvreté. La mort d'un être humain est en soi un drame.

Le fait qu'il s'agisse d'un fils unique et que sa mère soit une veuve rend le drame encore plus grand. Elle avait déjà conduit au cimetière un être chéri, son mari. Elle refait maintenant le même chemin, cette fois-ci pour son fils. D'où la grande foule de voisins et d'amis. Autant de gens impuissants, capables tout juste de pleurer avec elle et de bredouiller quelques paroles de condoléances, mais incapables de lui rendre le seul être qu'elle avait encore dans ce monde.

En tant que femme, elle n'a plus de mari et en tant que mère, elle n'a plus d'enfant. Elle est privée de l'essentielle de vie : Aimer et être aimée.

L'enfant devait être enterré en dehors de la ville de NAÏM. Et c'est sur la porte de sortie que la ville que la visitation va s'opérer.

« LORSQUE TU ES DÉCOURAGÉ DANS LA VIE ET QUE RIEN NE MARCHE C'EST LÀ QUE LA MAIN PUISSANTE DE DIEU INTERVIENT ».

Cette femme veuve sortait avec la foule et ceux qui portaient le cercueil et en arrivant à la porte de sortie de la ville de NAÏM que le cortège de la vie va rencontrer le cortège de la mort.

La sortie de la ville de NAÏM deviendra un croisement, une rencontre, une visitation prophétique. Le prince de la vie face à la mort. Le porteur d'espérance face au désespoir.

Mais une question se pose. Pourquoi la femme veuve n'avait-elle pas enterré son fils unique dans la ville de NAÏM ?

Nous croyons que c'est parce que dans la ville de NAÏM, il n'y avait pas de cimetière. NAÏM signifie : « plaisir, beauté

». Autrement dit, le nom de cette ville ne permettait pas qu'on y enterre quelqu'un, car à NAÏM c'est la beauté, NAÏM c'est le plaisir. Aussi, nous croyons même que le mari décédé de cette veuve a aussi été enterré à l'extérieur de la ville de NAÏM.

Enfin nous croyons aussi que la ville voisine qu'on aurait dû enterrer quelqu'un serait la ville de BETHPHAGÉ, qui signifie: «maison de pleures, de douleurs ».

Seule la visitation divine qui pouvait changer cette destination. Seul Dieu pouvait réparer la situation de cette veuve. Il fallait qu'un miracle se passe.

Luc 11:12 nous dit: *« Quand il fût près de la porte, voilà qu'on portait en terre un mort, fils unique dont la mère était veuve ».*

Les versets 13 et 14 La Bible dit: *«...le Seigneur eut pitié d'elle et lui dit ne pleure pas... Puis il s'approcha et toucha le cercueil Et les porteurs s'arrêtèrent et il dit: jeune homme je te le dis, lève-toi. Et le mort se redressa...».*

Notons 3 choses importantes :

1. JÉSUS DIT À CETTE FEMME VEUVE NE PLEURE PAS.

Cette recommandation a une promesse de la résurrection. Littéralement: "Cesse de pleurer!" L'ordre contient une promesse extraordinaire. Il signifie non pas: "Tes pleurs ne servent à rien et ne ressusciteront pas ton fils", mais: "Tes pleurs n'ont plus de raison d'être, je vais te le rendre". Quand Jésus donne des ordres, il donne aussi les moyens de lui obéir.

Aucune personne n'a rencontrer la visitation de Dieu et qu'elle est restée la même personne. Lorsque vous rencontrez Jésus-Christ, un miracle doit se produire dans votre vie.

2. JÉSUS TOUCHE LE CADAVRE ET LES PORTEURS S'ARRÊTÈRENT ET DIT À L'ENFANT RÉVEILLE TOI JE TE LE RECOMMANDE.

Puis Jésus parle au jeune homme comme si celui-ci pouvait l'entendre. Ses paroles lui donnent en fait le pouvoir d'entendre et de faire ce qu'il a dit. Il revient à la vie, se lève et se met à parler. Par sa simple volonté, Jésus rappelle un mort à la vie. Les apôtres agissaient au nom du Seigneur, que cela soit dit explicitement (Actes 3:6) ou non. Jésus, quant à lui, agit en son propre pouvoir. Il parle au mort comme s'il dormait (Luc 8:52).

Pour Jésus, le fait de ressusciter un mort n'est pas plus difficile que réveiller un dormeur. Et le mort se lève, comme s'il n'avait fait que dormir. Il bouge et parle, preuve qu'il est en vie. Alors le Christ le rend à sa mère.

On peut aussi remarquer dans ce passage que Jésus touche le cadavre. C'est important de signaler cela. Il a touché à l'interdit ! Dans l'Ancien Testament, il était interdit de toucher à un cadavre pour ne pas se souiller.

Lévitique 11:24, *« Ils vous rendront impurs: quiconque touchera leurs corps morts sera impur jusqu'au soir, ».*

Mais bizarrement, Jesus connaissant ses interdictions de la loi mosaique mais touche quand même le cadavre pour ressusciter le fils unique de cette veuve. Jésus touche à l'interdit sans être souillé. C'est parce qu'en lui il n'y a pas de péché. Il est le juste et parfait.

Jésus est allé à l'encontre de la loi, de la coutume, pour opérer un miracle. C'est pourquoi, il n'y a pas la visitation tant le surnaturel n'a pas changé le naturel. Tant qu'il n'y a pas eu violation d'une loi établit, une coutume, d'un principe; il n'a pas de miracle.

Il y a miracle ou visitation divine lorsque une maladie dite incurable par la médecine reçoit sa guérison au nom de

Jésus. Il y a miracle ou visitation divine lorsque seule la puissance de Dieu peut répondre à l'impuissance des hommes. C'est ce que Jésus avait fait dans la vie de cette veuve en ressuscitant son fils unique. Le Seigneur redonne la vie au fils de cette mère. Le Seigneur redonne la vie à cette mère par son fils. Ainsi le lien de la famille est rétabli.

Cette résurrection, comme celle de la fille de Jaïrus et celle de Lazare, est le signe du pouvoir du Christ sur la mort. Il l'a vaincue ici par anticipation, en attendant la victoire finale, définitive et universelle, dans sa propre mort et sa résurrection.

Celui qui peut essuyer les larmes d'une personne en détresse et de lui redonner encore le sourrir c'est Jésus-Christ.

« POUR ESSUYER TES LARMES, JÉSUS-CHRIST UTILISERA LE MOYEN QU'ON APPELLE LA VISITATION DIVINE ».

❖ LE PARALYTIQUE DE LA PISCINE DE BETHESDA

Jean 5:1-9

« Après cela, il y eut une fête des Juifs, et Jésus monta à Jérusalem. Or, à Jérusalem, près de la porte des brebis, il y a une piscine qui s'appelle en hébreu Béthesda, et qui a cinq portiques. Sous ces portiques étaient couchés en grand nombre des malades, des aveugles, des boiteux, des paralytiques, qui attendaient le mouvement de l'eau; car un ange descendait de temps en temps dans la piscine, et agitait l'eau; et celui qui y descendait le premier après que l'eau avait été agitée était guéri, quelle que fût sa maladie. Là se trouvait un homme malade depuis trente-huit ans. Jésus, l'ayant vu couché, et sachant qu'il était malade depuis longtemps, lui dit: Veux-tu être guéri? Le malade lui répondit: Seigneur, je n'ai personne pour me jeter dans la piscine quand l'eau est agitée, et, pendant que j'y vais, un autre descend avant moi. Lève-toi, lui dit Jésus, prends

ton lit, et marche. Aussitôt cet homme fut guéri; il prit son lit, et marcha ».

La Bible nous dit que les juifs célébrèrent une fête religieuse et Jésus se rendit alors à Jérusalem, dans cette ville, il y avait près de la porte des brebis, une piscine qui s'appelait: BETHESDA.

Il est important de préciser déjà que Jérusalem a une muraille et autour de cette muraille il y a plusieurs portes.

Parmi ces portes il y avait une porte qui s'appelait la porte de brebis. Déjà le nom de cette porte d'entrée à Jérusalem est prophétique.

Une question que je me pose déjà: pourquoi Jésus n'est-il pas entré par d'autres portes? Pourquoi a-t-il choisi seulement la porte des brebis ?

Jésus n'est pas entré par hasard, non. Il y avait une personne qui était sur le programme de la visitation divine.

Cette personne était sur le calendrier de Dieu, cette personne était sur l'agenda de Dieu.

Lorsque vous lisez le livre de Jean chapitre 10, Jésus s'est présenté comme étant lui-même la porte des brebis.

Le nom de cette porte était déjà prophétique. Car, Jésus lui-même est la porte de brebis. Il y avait une visitation divine qui s'attachait au nom de cette porte qu'on appelait : la porte des brebis.

En d'autres termes, Jésus-Christ avait compris comme véritable berger qu'il avait un brebis malade qui avait besoin d'une visitation divine. Ainsi, cette compassion a conduit Jésus à la piscine de Bethesda où il y avait un paralytique depuis 38 ans.

Le passage nous dit dans Luc 5:2-3: *« Or, il existe a Jérusalem, près de la porte des brebis, une piscines qui s'appelle en hébreu BETHESDA. Elle possède cinq portiques, sous lesquels gisaient une foule de malades, aveugles, boiteux, impotents ».*

Signalons 2 sur ce passage ci-dessus:

1. LA PISCINE S'APPELAIT BETHESDA.

Le mot hébreu BETHESDA signifierait : BETH: «Maison», et ESDA: «Misericorde, bonté, pitié, compassion, bienveillance». Brièvement, le nom BETHESDA veut dire «Maison de miséricorde ».

2. LA PISCINE DE BETHESDA AVAIT 5 PORTIQUE.

Pourquoi la Bible n'a pas dit, 4 portiques ou 2 portiques ou 8 portiques ou encore 13 portiques. Pourquoi seulement la piscine avait seulement 5 portiques ?

Cela n'est pas un hasard ! Car, certains les chiffres dans la bible sont prophétiques. Et nous y croyons que ce chiffre en est aussi. C'est quoi le mystère qui se cache derrière les 5 portiques?

Déjà le premier mystère est qu'on parle de 5 portiques au chapitre 5ème. Cette n'est pas un hasard! Deuxièmement, les 5 portiques peuvent nous renseigner les 5 livres de Moïse qu'on appelle la Torrah. Les malades qui étaient à la piscine de BETHESDA attendaient qu'au travers de la loi, qu'ils trouvent solution à leurs problèmes (la guérison).

Pourquoi disons nous que les 5 portiques étaient l'image de la loi (la Torrah) ?

Parce que la procédure ou les méthodes de la guérison sur cette piscine n'avaient rien à avoir avec le nom de la piscine.

La piscine s'appelait BETHESDA qui signifie «maison de miséricorde ou maison de la grâce », mais ce qui est étonnant et même bizarre, c'est que comment dans une maison de la grâce une personne peut faire 38 ans sans être guerri ? C'est là le problème.

Un autre argument, la guérison sur cette piscine de BETHESDA avait des conditions compliquées, difficiles pour certaines catégories des malades à l'occurrence le paralytique de 38 ans.

Voici la procédure de la guérison à cette piscine :

- Il fallait que l'ange agite l'eau.

Là deja il y a un problème. Premièrement, personne ne savait quand l'ange viendra agiter l'eau, il n'avait pas un programme connu d'avance. Deuxièmement, le jour de sabbat l'ange ne pouvait pas venir car, il était interdit par la loi d'opérer une guérison le jour de sabbat. Donc, l'ange lui-même devrait respecter le sabbat. Et troisièmement, l'ange agitait l'eau au-lieu de guérir les malade. Autrement dit, au-lieu de se préoccuper des malades, l'ange lui il agité l'eau or, l'eau n'avait pas de problème, c'est pas l'eau qui était malade.

- Le premier qui se jeter dans l'eau lorsque l'âge agitait l'eau, il recevait sa guérison

Là aussi il y a un problème. C'est impossible qu'un malade paralytique puisse se jeter en premier là où il y a un malade sourd. Car, le paralytique sera toujours en retard. C'est impossible qu'un aveugle se jette en premier là où il y'a des sourd. Car, l'aveugle sera toujours en retard.

Autrement dit, certaines catégories de malades étaient discriminé. C'est la raison qui a fait que cet homme paralytique s'est retrouvé là à la piscine de Bethesda depuis 38 ans sans être guerri.

C'est pourquoi nous disons que les méthodes, les procédures de la guérison n'avaient rien à avoir avec le nom de la piscine. Il n'avait rien de miséricorde, rien de compassion, rien de pitié à cet endroit (piscine de Bethesda).

Nous croyons même que cet homme n'était pas le seul paralytique. Il devrait y avoir d'autres paralytiques avec lui même qui suite à la déception ont dû changer de milieu (nous pensons qu'il peut s'agir parmi ceux qui sont parties, du paralytique dont nous parle acte des apôtre chapitre 3).

LUC 5:5-7 dit: *«Il y avait là un homme malade depuis 38 ans. Quand Jésus le vit étendu à terre et apprit qu'il était malade depuis longtemps déjà, il lui demanda: veux-tu être guerri?. Le malade répondit : Maître, je n'ai personne pour me plonger dans la piscine quand l'eau est agitée...»*

NOTONS 3 CHOSES SUR LA VISITATION DIVINE DE CE PARALYTIQUE DE 38 ANS:

1. Cet homme a fait 38 ans à la piscine de Bethesda

À 38 ans sur un meme endroit attndant sa guerison, nous pouvons dire qu'il ne savait plus le jour de sa visitation.

« LE JOUR QUE DIEU VIENDRA RÉPONDRE À TON PROBLÈME SERA UN JOUR DONT TU NE T'ATTENDRAS PAS ».

Le paralytique attendait sa guérison à la piscine mais la visitation divine de sa guérison est venue en dehors de la piscine pour le trouver à la piscine. D'ailleurs sans qu'il se jette dans l'eau.

« PARFOIS TA GUÉRISON, TON MARIAGE, TA PROMOTION, TON VOYAGE... NE VIENDRA PAS ET NE SERA PAS DE LA MANIÈRE DONT TU EN ESPÈRE MAIS DE LA VOLONTÉ PARFAITE DE DIEU ».

2. Ce paralytique ne pouvait pas se jeter et il n'avait personne.

Ce paralytique n'avait personne. Cela veut dire qu'il n'avait personne derrière lui. Il n'avait ni famille, ni ami ou ni connaissance qui pouvait intervenir en sa faveur.

« JÉSUS-CHRIST INTERVIENDRA DANS TA VIE LORSQU'IL CONSTATERA QUE TES EFFORTS, TES CONNAISSANCE, DES CAPACITÉS TE SERONT INSUFFISANTS POUR TRANSFORMER TA VIE AFIN QU'IL NE PARTAGE PAS SA GLOIRE AVEC LES HOMMES ».

3. La Bible n'a même pas cité le nom de ce paralytique, on dit seulement qu'il y avait un homme paralytique depuis 38 ans.

Sa situation pathétique avait pris le dessus sur lui jusqu'à ce qu'elle absorba son identité. On l'appelle : paralytique.

« IL ARRIVE PARFOIS DANS LA VIE QU'ON T'IDENTIFIE EN FONCTION DE TA MALADIE, DE TES ÉCHECS, DE TES PROBLÈMES, DE TES LARMES ET DE TES PEURS. MAIS CE QUE J'AIME, JÉSUS-CHRIST EST CAPABLE DE REDONNER À UNE PERSONNE SA VÉRITABLE IDENTITÉ, IL EST CAPABLE DE RESTAURER SA VIE AFIN DE LUI FAIRE RIRE DE NOUVEAU ».

4. Jesus s'est préoccupé que de ce paralytique de 38 ans. C'est parce que son cas était différent des autres malades.

Il a non seulement fait 38 ans sans être guéri mais aussi il n'avait personne pour l'aider à se jetter dans l'eau.

Mais ce que j'aime la Bible nous dit: *« Il y avait là un homme malade depuis 38 ans».* Dans cette phrase ci-dessus, c'est le complément circonstanciel de lieu qui m'intéresse : *« Il y avait là...»*

« LE PARALYTIQUE DE BETHESDA MALGRÉ SES 38 ANS À LA PISCINE SANS SOLUTION, IL N'AVAIT JAMAIS ABANDONNÉ LA PISCINE DE BETHESDA. C'ÉTAIT UN PARALYTIQUE QUI AVAIT LA RÉVÉLATION DE LA VISITATION DIVINE. IL EST RESTÉ À SON POSTE ET C'EST LÀ QUE JÉSUS EST VENU LE VISITÉ ».

Habacuc dit: *« J'étais* ***à mon poste****, Et je me tenais sur la tour; Je veillais, pour voir ce que l'Éternel me dirait, Et ce que je répliquerais après ma plainte ».*

Le paralytique de la piscine de Bethesda est resté à son poste et jesus est venu le trouver là. La visitation divine viendra te trouver à un endroit prophétique où tu te retrouvera.

CONCLUSION

Il est important de savoir le moment où l'on est visité par Dieu. Dans le cas contraire, on passe à côté de sa bénédiction. Il est important da savoir que les chrétiens sachent qu'ils vivent dans le temps messianique ou dans le temps de grâce. Un temps où Dieu agit en faveur de ses enfants, où le surnaturel divin intervient dans le naturel.

Ce précieux livre, « le mystère de la visitation divine », que vous aviez lu est une véritable feuille de route que l'auteur a mis à votre disposition, afin de vous amener dans une vie marquée du surnaturel (miracles) et des profondeurs en Christ.

Tu as lu ce livre et tu veux aussi que Dieu te visite, oui! C'est possible. Tu dois d'abord recevoir Jésus-Christ comme ton Seigneur et Sauveur personnel.

C'est le premier pas pour qu'une personne bénéficie de la visitation divine. C'est d'accepter Jésus-Christ dans sa vie et lui donner le contrôle total de sa vie en renonçant à ton passé et à tous ses directions personnelles, et ainsi il aura accès à la grâce divine.

TABLE DES MATIERES

Printed by Books on Demand GmbH, Norderstedt / Germany